LA BEAVTE' DES BELLES CHANSONS

NOVVELLES, LES-
quelles n'ont encor
esté impri-
mees:

AF439016

Prinses des Poëtes de ce temps.

BIBLIOTHÈQUE DE L'ARSENAL

A LYON,

CHANSON NOVVELLE,

de trois Tripieres de Paris, qui mange-
rent vn pasté qui reuenoit à deux escus
& cinq solz.

Sur le chant   La fille au lait, qui estes
tant hastee.

I vous auez enuie
De rire maintenant,
Oyez ie vous supplie
Le propos de ce chant,
De la façon
De trois grasses tripieres,
Qui s'en vont sans tançon
Aux champs sans chambrieres.
Le lieu où ils allerent
Ce fut à Challiot,
Où tresbien se traicterent
Pour chascun son escot
Là à l'instant
Decrotterent en haste
Quelque morceau friant

Qu'ils auoyent mis en pafté.

La croutte en eftoit dure
Plein de chair, au furplus
De diuerfe fritture
Qui couftoit deux efcuz,
Et cinq beaux folz,
Pour vous le faire entendre
N'eft-ce pas fans courroux
Par trois affez defpendre.

Le vin à pleine tace
Y eftoit beu d'autant
Et d'auffi belle grace
Que boit vn Allemant:
Tant tour à tour
Ils beurent que fans doute
La plus fage en plein iour
Ma foy n'y voyoit goutte.

Apres cefte frirye
Il fallut diuifer
Et de fa trpperie,
Et comme il faut ruzer
En nous vendant
De leur merdeufes trippes

Et comme il vont mouchant
Deſſus auec leur lipes.
   Mais oyez ie vous prie
Ce qu'ils firent apres
Toutes, ſans menterie
Se retrouſſerent expres:
Leur coutillon
Leur robbe & leur chemiſe,
Pour meſurer leur tron.
Voila pas bonne guiſe.
   L'vne diſoit Mamie
Le voſtre eſt bien plus grand
Que moy, que ſuis ſortie
D'vn beau gros inſtrument,
Qui m'a ia fait
Des enfans plus de quatre,
Le ieu donques vous plaiſt
Diſoit l'autre follaſtre.
   Apres ils appellerent
Leur hoſte pour compter
Cinq eſcus ils trouuerent
Qui leur fallut payer
Puis font retour

A 3

A Paris chancelant
Du vin que tout le iour
Auoyent beu fort contentes.

   quand ils futent à la ville
Ce fut de ce coucher,
Et de façon habille
Bien toſt le lict chercher,
En menaçant
Leurs maris de bien battre
S'ils n'alloyent à l'inſtant
Dedans le lict s'esbatre.

   Voyla la drollerie
De ces trois Dames cy,
Qui ſans melancholie
Deſchaſſe le ſoucy.
Celuy qui a
Fait ceſte chanſonnette
Les vid en ce lieu là
Meſurant leur foſſete.

Chanſon nouuelle ſur les regrets d'vn
* vouleur, qui fut mis ſur la rouë. Sur*
* le chant.*   Si ie t'appelle ingrate, &c.

L A diuine iustice
L Ne delaisse impuny
Le cruel malefice,
En fin l'on est puny,   Helas,
On reuient au supplice
Le gain estant finy .

   Icy gisent mes plaintes:
Cy gisent mes douleurs,
Mes entrailles sont teintes.
De cris, souspirs, & pleurs,   Helas,
Les mortelles atteintes
Augmentent mes fureurs.

   I'ay par mes mains brigantes
Grands crimes perpetrez
Des ombres innocentes
Les temples empoudrez,   Helas,
Par mes veines sanglantes
Les iustes massacrez.

   I'ay fait durant ma vie
De maux vn milion,
Exercé volerie
Cherché l'occision,
Ie croy que la Furie

M'a versé la poifon.
   Par les crottes fauuages
Mon logis a efté,
Les plus fueillus bocages
M'ont faict durant l'efté,   Helas,
Perpetrer brigandages,
Auec grand cruauté.
C'eftoit mon exercice,
Qu'a voler le marchant,
I'en faifois facrifice
D'vn fier couteau trenchant,   Helas,
Mettant au precipice
Son corps,& fon argent.
   Grondant comm'vn tonnerre
Ie luy ouure le flanc,
Ie l'eftrain,ie le ferre,
Luy fais piffer le fang,   Helas,
Et fais que dans la terre
D'autres il tient le rang.
   Mais iufte vengeance
A mis fin à mes maux,
Ne voulant repentance
Des penibles trauaux,   Helas,
                       Ell'a

Ell'a mis preuoyance
A mes aspres assaultz.
　　Car vn iour de Dimanche
Sur le poinct du matin,
Ie cuidois dans ma manche
Retenir, vn Mondin, 　　　　　Helas,
Mais l'ombrageuse planche
M'a osté le butin.
　　Monsieur de Roquebrunq
M'en a fait la raison,
(O maudite fortune)
Monsieur de Mauleon, 　　　　Helas,
D'vn propos m'importune,
Ne voulant ma rançon.
　　Mon esprit ne repose,
Mon sens se trouble tout,
On m'ameine à Tholose,
On me g'henne par tout, 　　　Helas,
I'ay pour metz vne chose,
Qui est d'vn mauuais goust.
　　La chose c'est la rouë,
Qui brisera mon corps,
La gehenne m'amadouë,

Le mal me fait remors   Helas
Tous mes forfaicts i'aduouë,
Contrainct par ſes efforts.

  A grand coups de maſſuë
Attaché ſur vn bois,
On meurtrit ma chair nue
Ha!ie rends mes abbois,   Helas,
En vain ie me remuë,
Ie ſens vn trop lourd poix.

  O Seigneur Roy de gloire,
O ſaincte Trinité,
Ne retient en memoire
Ma grand' iniquité,   Helas,
Fais que i'aye victoire,
Par ta grand' charité.

Chanſon nouuelle, d'Anuers, ſur le chant.
    La parque ſi terrible, &c.

SI i'auois la ſeconde
  De ſçauoir raconter,
Et dire à tout le monde
La grand' neceſsité
Qui eſt en ceſte fois   bis.
                              Sur

Sur nous pauures François.
  Il y a en ceſte armee
Tant de braues ſoldats,
Qu'endurent & patiſſent
Pour meſſieurs des eſtats,
Qui n'oſerent chanter   bis.
Leur grand' neceſsité.
     L'vn veut vendre ſes chauſſes
Et l'autre ſon pourpoint,
L'autre ſon arquebouſe,
Pour vn mourceau de pain,
Vont chez le viuandier   bis.
Et s'en vont ſans payer.
     Le viuandier ſe faſche
A Monſieur de Beau Puis,
Luy demandant iuſtice
Au preuoſt & à luy
Torment, tu cognois bien   bis.
Que les ſoldats n'ont rien.
     Du temps que noſtre Prince
Eſtoit dedans Anuers,
Nous faiſions bonne chere
Dedans les cabarets,

                                        Nous

Nous auions des moyens   bis.
Mais nous n'auons plus rien.
  Nous auions de la biere,
Du fromage, & du pain,
Nous faifions bonne chere
Auecques les putains,
Tous les Bourdeaux d'Anuers   bis.
Eftoyent pour nous ouuers.
  La chance eft bien tournee
Le temps eft bien changé,
Nous n'auons plus de biere
Ny de pain à manger,
Mon dieu le grand tourment   bis.
Quand on n'a point d'argent.
  Puis que noftre bon maiftre
S'eft de nous abfenté,
Nous n'auons que miferes
Et grand' calamité,
Bien heureux eft celuy   bis.
Qui eft aupres de luy.
  Vous faictes icy la guerre
Pour des gens inconftans,
Qui font autant amiables
                                                    Com

Comme la pluye au vent,
Le petit veut auoir
Sur le grand le pouuoir.
   Monsieur le Mareschal
Lieutenant general,
Ne faictes plus la guerre
Pour ces gens inconstans,
Emmenez nous soudain   **Bis.**
Car nous mourons de fain.
   Monsieur de la Val
Il y est eueillé,
Qu'auez toute puissance
Sur tous les Cheualiers,
Pouuez vous bien souffrir   **bis.**
Nous voir ainsi languir.
   Monsieur de la Mouerie
La gard' de Claueson,
Priez tous ie vous prie
Monseigneur le Baron,
Qu'il ne permetre point   **bis.**
Que nous soufsrions ta fain.
   Mais si iamais peux estre
En France en ma maison,

                        Ne

Ne feray iamais guerre
Pour ce villain Cryon:
Combatre pour mon Roy   bis
Pour Monſieur & ſa Loy.

Prions tous ie vous prie
Le Seigneur tout puiſſant,
Qu'il nous donne la grace
De ſortir de Brabant,
Et nous donne la paix   bis.
Qui dure à tout iamais.

Qui a faict la chanſonnette
C'eſt vn braue ſoldat,
Eſtant en centinelle
Pres de Bergue ſus Ion.
Qui en ſouffroit la fain   bis.
Et n'auoit point de pain.

Chanſon nouuelle.

Ie ſuis paſsionné
De l'amour de m'amie,
Car c'eſt la plus iolie
Que l'on ſçauroit trouuer.
VOus qui vous hazardez
De m'oſter ma brunette,

Voſtre

Voſtre temps vous perdez,
Car elle eſt m'amiette,
Et bleſſe vn chacun
Qui à ſon œil s'adreſſe.
Et d'autant qu'elle en bleſſe,
Elle n'en guerira qu'vn.
　　　Ie ſuis paſsionné
　Mon Dieu que ie ſuis heureux
Vray Dieu que ie ſuis aiſe
Quand ſon œil gracieux
Et ſa bouche ie baiſe:
Vrayement ie vous dis,
Alors que ie l'acolle,
Il m'eſt aduis que ie volle
Tout droict en paradis.
　　　Ie ſuis paſsionné.
　Adonc ſi vous voulez
Eſtre touſiours madame,
Il faut que vous bruſliez
D'Vne ſemblable flamme.
Ne croyez de leger
Des rapporteurs l'enuie,
C'eſt ce qui faict l'amie

　　　　　　D'auec

D'auec luy changer.
　　Ie ſuis paſsionné.
Brune ſi l'on te dit
Que ie ſois variable,
Point ne donne credit
A ton œil variable:
Ta douceur qui me point,
La beauté de ta face,
Et ta diuine grace
Ne le permettent point.
　　Ie ſuis paſsionné.
　　Ie priſe bien ſouuent
Et l'heur & la fortune,
De m'eſtre rendu ſeruant
D'vne tant belle brune,
Et ſi ſupplie à Dieu
Qu'il me face propice
De luy faire ſeruice
En toute place & lieu.
　　Ie ſuis paſsionné
　　De l'amour de m'amie, &c.

　　　　F I N.

CHANSONS NOVVELLE
d'vn viellart gouteux, qui ne peut fournir à l'appointement, sur vn chant nouueau.

ENtre vous ieunes filles
Pensez vn peu icy,
Mon pere m'a mariee
A vn vieillart gouteux,
Dont finiray ma vie
Et mourray de douleur.
    La premiere nuictée
Pensant d'estre accollée
Il me fallut pleurer:
La chambriere se leue
Mon maistre qu'auez vous
l'entens vostre espousee, qui pleure au
            pres de vous?
    Que veux-tu que ie face
Quand ie ne peux fournir,
A ce qu'elle demande
La goutte m'a saisy,
Ie vous prie mamie.

B

De vous oſter de là,
Quand ie vous regarde
Le cœur me faict grand mal.
La fille s'eſt leuée
Chez ſon pere s'en va
Luy contant tout l'affaire
La choſe comme il va,
Ie vous prie ma fille
De vous patienter
Tant que ſerez au monde
Il vous faut endurer.

 Il vous laiſſera riche,
Son or & ſon argent,
Il vous donnera tout
Maugré tous ſes parens.
De quoy ſert la richeſſe
Son or, & ſon argent,
Car quand ie ſeray morte,
Ie n'en porteray rien.
 Sçaurois-ie trouuer vn homme
Qui me ſceuſſe guerir
De ceſte maladie
Qui me fera mourir,

Ie luy donray cheuance,
Or, argent & ioiaux,
Casaque de liuré,
Armeures & cheuaux.
Helas des ma ieunesse
Si i'eusse bien pensé,
En mariage me mettre
En telle poureté
Fusse religieuse,
Malgré tous mes parens,
Ou ie m'en fusse allee
En quelque part au champs.

    Qu'a faict la chansonnette
C'est vn bon compagnon,
Estant chez son hostesse
Mangeant d'vn bon chappon.
Priant Dieu pour les filles
Qui sont à marier,
Que dieu leur doint la grace
De pouuoir endurer.

B   2

Chanfon nouuelle de la Caſſandre, ſur
vn chant nouueau.

Belle Brunette
Trop aymer ne vous puis:
Vous eſtes honneſte
Dont à vous du tout ſuis.
  Helas Caſſandre
  Fay moy vne faueur,
  Et de bon cœur
  Ie te ſeray ſeruiteur,
Vous eſtes belle
Reſſemblez le ſoleil
Vous claires eſtoiles
Qui eſclairez à mon œil.
  Helas Caſſan dre
Ie ne deſire
Ailleurs eſtre eſclairé,
Et point n'aſpire
D'eſtre tant honoré.
  Helas Caſſandre
Ta gentileſſe,
Et ta perfeſtion

Fai

Faict que sans cesse
On te porte affection.
　Helas Cassandre.
Si permets que ie touche
D'vn baiser amoureux
Ta belle bouche
Que ie seray heureux.
　Helas Cassandre.
La nuict ie veille
Quand ie dois sommeiller.
Le iour sommeille
Quand ie voudrois veiller.
　Helas Cassandre.
Ne font tes graces
Que nuire incessamment
En toutes places
En veillant, en dormant.
　Helas Cassandre.
Ie pars de terre
Pour m'en voler aux cieux,
Quand considere
Ton regard gracieux.
Helas Cassandre.

Ie croy qu'au monde
Il ne peut auoir rien
Qui vous seconde
En honneur & en bien.
Helas Cassandre.
Bref ie suis vostre
Et tant que ie viuray
Iamais nul autre
Autant ie n'aymeray.
   Helas Cassandre.
Fay moy vne faueur,
Et de bon cœur
Ie te seray seruiteur.

Responce de la Cassandre.

IE suis Cassandre
Qui est descendu des cieux
Pour vous respondre
A vous autres messieurs.
Pour vous respondre
Entendez la façon
Petit mignon
Entendez la façon.

Pou

Pour vous respondre
Ie vous prie remarquer
Que suis Cassandre
Qui cherche du papier,
Vn escritoire
Pour escrire voz noms
Petis mignons
Pour escrire voz noms.
Tost ie m'auise.
Ne faut point de papier,
Ne d'escritoire,
L'on vous cognoit assez
I'en suis marrie,
Dont l'on cognoit voz noms
Petis mignons,
Dont l'on cognoit voz noms
Ie suis certaine
Iour & nuict sans cesser
Que parmy la ville
Vous battez le paué,
Au coing des rues
Vous faictes des Chansons
Petis mignons

Vous faictes des chanſons.
 Chanſons lubriques
Chantez d'affection
Des pauures filles
A tort & ſans raiſon.
Ie ſuis Caſſandre
Qui en auray la raiſon
Petits mignons,
Qui en auray la raiſon.
 Car i'ay la fleche
Qui tire à vn ſeul but
Point ne decoche
Pour tirer à mon but
Mon eſperance
Et mon affection
Petit mignon
Et mon affection.
 Toute brunette
Ne ſuis pres pour le voir
Et ſuis certaine
Qu'il n'aura pas ceſt heur
De voir l'eſtoille
Qui eſclaire à mon front

Petit mignon
Qui efclaire à mon front.
   Quand à la Broffe
Nous en parlions au foir
Point ne s'approche
Pour toucher mon coulet,
N'y autre chofe
A fon affection
Petit mignon
A fon affection.
   Ma fœur Caffandre
Vous auez affez dit,
Permettez moy
Que ie parle vn petit,
I'ay grand'enuie
De leur faire leçon,
Petit mignon
De leur faire leçon.
   I'ay grand'enuie
De leur faire vn prefent,
I'ay des dragees
Du fucre largement,
Et des oranges

Groffes comme melons
Petis mignons
Groffes comme melons.
   Encores que de ce
Il nous donne des gans
Leurs fieures cartaines
Achetez à Rouan,
Du recompence
Nous leurs en donnerons
Petis mignons
Nous leurs en donnerons.
   Qui fit la chanfonnette
Ie vous fais affauoir
Quille s'appelle
En fillant fon roüet
L'honneur des filles
En fon affection,
Petit mignon
En fon affection.

Chanson nouuelle du printemps retourné,
sur le temps qui court. Et se Chante
sur le chant, Quand ce beau
printemps ie voy, s'ap
pençoy, &c.

Quand ce dur Prin-temps ie voy
Ie cognoy
Toute malheurté au monde,
Ie ne voy que tout erreur,
Et horreur
Courir ainsi que l'onde.
Plus il n'y a d'amitié
Ne pitié,
Plus n'y a de courtoisie,
Il n'y a plus de support
Ne confort,
Tout n'est plus que fascherie.
Nous voyons nostre prochain
Qui la faim
Endure quasi de rage
Sans luy donner verre d'eau

Ne

Ne morceau:
C'eſt bien vn lache courage.
    Nous voyons
Ennemy
Preſt à ſe tuer l'vn l'autre,
Nous voyons le pere cher
Dechaſſer
Son enfât pour prédre vn autre.
    Nous voyons l'enfant diuers
Et peruers
Battre ſon pere & ſa mere,
Nous voyons vn eſtranger
Nous manger,
C'eſt vn cruel vitupere.
    Nous voyons femmes parler,
Se meſler
D'vne infinité d'affaires,
Et portans de grands cheueux
Fardineux
Pour à ce monde complaire.
Nous voyons les payſans
Indigens,
                              De

Demandans par tout leur vie,
Vn biſſac par ton recol
Sus ſon col
D'vne pauureté denue.
      Nous voyons tant de voleurs
Pleins d'horreurs,
Qui pillent, tuent & ſaccagent:
Ne craignans ny Dieu ny Roy
D'vn eſmoy
Vomiſſent dix milles rages.
      Nous voyons la belle fleur
De couleur
Se changer d'vne aduenture.
Nous voyons le beau iardin
Au matin
Se fenir de ſa verdure.
      Nous voyons le fueillu bois
Ceſte fois
Aneantir ſon fueillage,
Nous voyons le roſsignol.
D'vn chant mol
Deduire tout ſon ramage.

                          Mais

  Mais trop bien le laid hiboux,
Qui ialoux
Eſt de noſtre iouiſſance:
Il chante à haute voix
Dans le bois
Pour nous faire deplaiſance.
    Nous voyons les amoureux,
Rigoureux,
Laiſſans leurs gentes maiſtreſſes,
Au lieu d'eſtre gracieux
Et ioyeux
Portent dix mille triſteſſes.
    Nous voyons vn ieune enfant,
De ſix ans,
  Renier Dieu & ſa mere,
Et faiſant comparaiſon
Sans raiſon
D'vn horreur par trop ſeuere.
    Nous voyons les pauures biens
Terriens
Diminuer d'heure en heure,
Et les gentils arbriſſeaux
                    Verds

Verds & beaux,
Qui par le pied soudain meurent
  Nous auons eu tant de maux
Et trauaux,
Guerre, famine, & peste,
Cruauté, horreur, effroy,
Et esmoy,
Qui nous rompt quasi la teste.
  Qui est cause de ce mal
Du fatal?
Nos pechez ords & terribles,
Nous sommes comme brutaux
Animaux,
A bien faire inutiles.
  Nous ne tenons plus de foy
Ny de loy,
Tant nous sommes gens ignares:
Nous sommes esblouys des cieux
Gratieux,
A tous nos pechez barbares.
  Et changeons nostre vouloir
D'vn espoir,

                                    Et

Et auſsi noſtre couſtume,
Recognoiſſans noſtre Dieu
En tout lieu
Nous oſtera d'amertume.

    I'ay voulu par paſſe temps
Ce prin-temps
Vous monſtrer eſtre fragile,
A fin de vous corriger.
Et changer,
Sans eſtre plus inutile.

F I N.

CHANSON NOVVELLE,

& se chante sur vn chant nouueau.

Qvi veut ouïr chanson
Chansonnette nouuelle,
D'vn ieune compagnon
Et d'vne damoiselle:
Il en laissa l'escrire,
Aussi l'estudier,
Pour l'amour d'vne fille
Qui se laissa tromper.

Ell'a faict deshonneur
A toute sa lignee:
Ell a faict vn enfant
Sans estre mariee:
Son frere, aussi sa mere
En ont le cœur dolent,
Son frere aussi sa mere
Ont grand honte des gens.

Le galend s'en alla
Faire vn tour en la ville,
En son chemin trouua
Le frere de la fille:

C

Monſieur mon capitaine
Me voulez vous donner
Voſtre ſœur pour ma femme,
Qui eſt fort à mon gré,
　Le frere luy reſpond
Ne ſcachant la promeſſe,
Qu'entr'eux conclus ils ont,
Ma ſœur eſt trop ieunette:
Ma ſœur eſt trop ieunette
Ne ſe veut marier:
Cherchez voſtre aduantage
Monſieur ſi le trouuez.
　Maudite ſoit la mort
Que de moy s'eſt retraitte:
S'elle m'eut prinſe alors
Que i'eſtois plus ieunette,
Mon corps ſeroit en terre,
Mon ame en paradis:
Maintenant ie ſuis groſſe,
Ie ne fais que languir.
　Il m'a donné cent francs
Pour faire ma geſine:
Eſt ce le payement

D'vne

D'vne tant belle fille?
Au fort quand ie m'aduise
Il me faut contenter,
Ie ne suis la premiere
Qui s'est laissee tromper.
    I'ay veu que ie pouuoys
Me fournir de monnoye,
Laquelle il me donnoit
En visitant son coffre:
Mais ie fus bien si nice
Qu'il ne m'a satissaict
De ce loyal seruice
Que ie luy auois faict.
    Las i'ay bien veu le temps
Que me soulois esbatre
Et me mocquer des gens
Par tout en toute place:
Mais la chance est tournee
Le tout à mes despens;
Maintenant suis mocquee
Des petis & des grands.
    Monsieur a faict crier
Aux carres de la ville,

Quel'on n'euſt à blaſmer
Vne tant belle fille:
Vne tant belle fille,
Ieunette à ſon plaiſir:
A fin que ſon ſeruice
Ne tourne à deſplaiſir.

CHANSON NOVVELLE
d'vn qui a eſté deſauoué de ſa
femme & de ſes parens.
Sur le chant.
Puis que mon amy m'a laiſſee.

Vr moy s'eſt addreſſé malheur,
En me donnant vn coup de langue
Qui m'a touché à mon honneur
Dont la choſe m'eſt fort eſtrange,
Mon pauure cœur vit en ſouffrance:
Nuit & iour ne fais que plourer,
En demandant à Dieu vengeance
Du mal qu'on me faiĉt endurer.

A la priſon là où ie ſuis
Il n'y a ny huis ny feneſtre,
Qui ne ſoit à l'entour barré

Tant

Tant à main dextre que seneſtre
Qui m'ait lié comm'vne beſte,
Des fers aux piedz, auſsi au corps,
Des mannettes à la main droitte.
Seroit pour mieux tenir mon corps.

　　Et le lict où ie ſuis couché,
Il n'y a ny bourre ny plume,
Et le chalit n'eſt point de bois,
Il eſt auſsi mol qu'vn enclume,
De l'eau du puis il faut que ie hume,
Du pain qui n'eſt à mon ſouef,
La paille qui me ſert de plume　　　　bis
Vne pierre ſoubz mon cheuet.

　　Et à l'entour là où ie ſuis
Le ſoleil n'y fait point d'entree,
La lune luit ſur la minuict,
Et le ſoleil ſur la veſpree,
Le vent y a faict ſon entree
Paſſant par deſſoubs le guichet,
Garde ie n'ay de la roſee
Car ie ſuis pris au trebuchet.

　　Et quand ſe vient ſur la minuict
Le geolier s'en vient à la porte,

Il prend les clefz & ouure l'huys,
C'eſt pour voir comme ie me porte,
En ſa main droicte vn baſton porte
Si ie dy mot pour me frapper,
Vne choſe me reconforte   bis
Ie ſuis au lieu pour l'endurer.

    Ma femme m'a deſauoué.
Auſsi a il ma belle mere,
La Marie n'a pas moins faict,
Ny auſsi Claude mon beau frere,
Ilz ſont tretous à mon contraire
Dont i'en ay le cœur esbahy,
Mais Dieu me donnera la grace   bis
Que ie les feray tous mentir.

    Et quand i'ay à moy bien penſé
Vne choſe me reconforte,
Quand mon corps ſera treſpaſſé
Mon ame ne ſera poinct morte,
Iuſtice n'eſt point aſſez forte
Et ne ſcauroit aucunement,   bis
Faire mourir tout d'vne ſorte
Le corps & l'ame enſemblement.

    I'ay veu que ie ſoulois auoir

Mes

Mes deux enfans à ma plaiſance,
Maintenant ie ne les vois plus
Dont ie ne vis qu'en deſplaiſance,
Soulois auoir pour ma ſeruante
Ma ieune femme à mon plaiſir,
En contemplant ſa bonne grace   bis
Et la ſeruant à ſon deſir.

 Celuy qui a faict ceſte chanſon
Vn fondeur de la Verpilliere,
Eſtant dans la priſon Royau
Dedans Lyon la bonne ville,
Il chante de melancolie
En ce pendant le temps s'en va,
Du regret qu'il a de ſa femme   bis
Qui ne la tient entre ſes bras,

CHANSON NOVVELLE
laquelle ſe chante ſur le chant
de la volte de Prouence.

PVuis donc que la paix eſt faicte
Retirez vous picquoriens
Et gardez vous de plus malfaire
Ny de plus deſrober les biens

De ces bonnes & pauures gens
Que desrobiez tant sur les champs.

Et que chascun en besongne
Retourne prendre son mestier,
Et plus le pays n'arrançonne,
Comme la pluspart faisoit:
Mais qu'on se mette à trauailler.
Et cela soit sans tant deuiser.

Soit là congnee ou la pioche,
Ou la faucille courbee,
Ou la serpe bien manchee,
Ou charrue bien forchee,
Ou d'autre mestier d'artizant
Soit de cardeur ou tisserant.

De quel qu'il soit somme toute,
Il s'y faudra adonner,
Et laisser toute ceste trouppe
Qui ne fait que vagabonder,
Car peut estre ne pourroit durer
De vouloir viure & rien gagner.

Nous verrons que les picquorees
Feront viure quelques vns
Et durer quelques annees

En fin nous serons com muns,
Et faudra qu'ils prennent le chemin
De ne faire plus le Florentin.

   Si ie disois qu'il n'é y a point d'autres
Sinon les pauures soldats,
Qui robent, dictes vous autres
Cappitaines & sergens,
Et gentils-hommes où estes vous?
Auez menty me diriez vous.

   Aussi bien si vouliez dire
Que i'en volusse blasmer,
Toutes gens ie m'en retire
Tant que ie puis m'en garder,
Et ne parle qu'à ces meschans
Qui battoyent tant les bonnes gens.

   Mais la trouppe est bien petite
De ceux qui n'ont desrobé
Soit Huguenaut ou Papiste
Et qui ne s'y soit trouué:
Mais pour la fin Dieu leur pardon
Comme il fit au bon larron.

FIN.

CHANSON NOVVELLE

de Parrenette la folle, & de Barnard son amoureux.

Parrenette parle.

IE suis ta Parrenette
Et tu es mon Barnard:
Tu auras ma mottete.
Et i'auray ton tribard:
Couchez entre d'eux draps,
Embrassez bras à bras:
Frotterons nostre lard.

Barnard.

Tu es ma Parrenette,
Et ie suis ton Barnard,
I'auray ta mottellette
Tu auras mon Tribard:
Couchez entre deux draps,
embrassez bras à bras
Frotterons nostre lard.

Parrenette.

Dessous ma vertugalle,
Regardez y Barnard:
Ie n'y ay point de galle,

Mon

Mon cas eſt tout gaillard:
Couchez entre deux draps,
Embraſſez bras à bras,
Froterons noſtre lard.

Barnard.

Regarde moy la hanche,
Taſte vn petit ma chair,
Et voy comme elle eſt blanche,
Sans drogue ny ſans far:
Couchez entre deux draps,
Embraſſez bras à bras,
Ie froteray ton lard.

Parrenette.

Bernard le temps me dure,
Que ne ſois à l'eſcards
Pour oſter ma froidure
De ton gros iaquemard:
Ou bien en quelque coing,
Sur quelque peu de foing,
Pour me frotter le lard.

Parrenette dit tout le reſte.

Et Bernard ſe ſouleilhe

A l'abry

A l'bry do boeyſſou:
S'amie s'ey marueilhe
De ſa groſſa foeyſſou:
Ilhe luy dy, Barnar,
Vou ſé tant bon garçou,
Frouta m'vn pomon lar.

 Aquella damoeyzella
Ne ſont que chigouta,
Fazon de la pioucella
Et ſe ſon deycrouta:
Boeilhe me don ma par,
Veny ſé mon Bernar,
Pouorte me ton tribar.

 Haa y ou ſey allaſſade
D'a que quot qu'ey ſi bou:
Ho qu'a qu'elle hargazade,
Au ventre me ſabou:
Peun le menu treilhou,
De ton genty couilhou,
Foué fla, fla, fla, glhiou, glhiou.

F I N.

Chanſon

CHANSON NOVVELLE
laquelle se chante sur vn chant
nouueau.

O Dieu que de trauaux ô, que des lar-
O que d'alarmes   (mes,
Iendure viuement d'vne cruelle,
Car quand dormir ie veux,
La belle aux beaux yeux
Vient qui m'esueille.
Il me souuient encor bell e maistresse
De la rudesse,   (te,
Qu'vn iour me pourmenât deuât ta por
Te voulant aduiser,   bis
Et pour me mespriser
Tu fis la morte.
Mais garde bien qu'amour ne s'é des-
Contre ton regne   (deigne
Il t'ostera vn iour le septre que tu porte
Pour n'auoir eu pitié,   bis
De la grande amitié
Que ie te porte.
Ce m'est vn viure amer & fort estráge
                                   Quand

Quand ie ne mange
Sinõ de tes gros mots pour nourriture,
Bref belle ie ne ſcay　　　　　　　　　　bis
Ny peine ny eſſay
Que ie n'endure.

Et ce traiſtre guerrier du quel la veüe
Eſt incognuë,　　　　　　　　　　　　(che
Et ſi nous voit la nuict ſans feu ne tor-
Si toſt qu'il l'eut vizé　　　　　　　　bis
Ie fus martyrizé
Au coſté gauche.

Belle il touche à vous d'oſter la fleche
Qui faict la breſche,
Ou ſi de la oſter amour vous garde,
Au moins poucez ce dart,　　　　　　bis
Perſez de part en part
Ce cœur malade.

I'amerois mieux cét fois eſtre ſous
Qu'en ceſte guerre,　　　　　　　　(terre
Eſtant deſia vaincu ſans eſperance
　　　　　　　　　　　　　　　　　d'eſtre

D'estre victorieux   bis
Car contre voz beaux yeux
Nul n'a puissance.

Belle ie ne croy pas que i'aye affaire
Vn purgatoire,
Car celuy qui a faict ciel, terre & l'onde
Sçait que i'en ay soufferr: bis
Estant vostre bref serf.
En ce vieil monde.

                              (l'heure
A Dieu maistresse, à Dieu , peu tarde
Que ie ne meure,   (che:
Ay ia fait deux souspirs, l'autre est pro-
mourray tu viuras   bis
Mais belle tu auras
Tousiours reproche.

F I N.

                    CHAN

CHANSON NOVVELLE,
ſur vn chant nouueau.

O Beau laurier que n'ay ie côme vo'
   D'vn arbre dur l'inſéſible racine
Pour ne reſſentir plus les coups,
Dont l'amour bruſle ma poiçtrine.

   Que Daphne ſe cacha bien vn iour,
Fuyant Phebus ſous voſtr'eſcorce tédre:
Moy ie ne puis fuir l'amour,
Ny m'en cacher, ny m'en defendre.

   De voſtre chef l'immuable printéps,
Maugré l'hiuer, inceſſamment verdoye:
Moy ie ne verdoye en nul temps,
Ny pour l'eſpoir, ny pour la ioye.

   On dit laurier que le foudre enuoyé
Par Iupiter iamais ne vous offence
Mais mon cœur eſt tout foudroyé
Des flammes qu'vn bel œil eſlance.

   Heureux laurier quand le feu vous
     attainct
En vo'plaignát, voſtre fueille craquette
Et moy bruſlant ie ſuis contraint
De tenir ma flamme ſecrette.

             CHAN

CHANSON NOVVELLE
fort ioyeuse & recreatiue.

MOn pere auaricieux,
Pour placer mon ame és cieux,
Me tient en oyſiueté
Auec des nonnettes,
Penſez vous que mon cœur,
Soit ſans amourettes.

Ie n'y prens pas grand plaiſir,
Car i'ay bien plus à deſir,
La compagnie des garçons
Que celle des nonnettes,
Penſez vous que mon cœur,&c.

Las! ſi ma mere viuoit,
D'icy me retireroit
Elle a ſenty en ſon temps
D'amour les allumettes
Penſez vous que mon cœur,&c.

Au moins ſi i'auois credit,
Apres le ſeruice dit,
D'aller prendre l'air dehors,
Auec mes ſœurettes,

D

Penſez vous que mon coeur,&c.
	Ou bien que l'on euſt permis
L'entree à mes amis,
Sans s'informer plus auant
Des affaires ſecrettes,
Penſez vous que mon coeur,&c.
	Ah!combien heureuſes ſont
Ces bergerettes qui vont,
Se degoiſans par les bois,
Filans leurs quenouïllettes,
Penſez vous que mon coeur,&c.
	Si elles trouuent Martin,
Tibault,Guillaume,& Taſſin,
Il faut mettre le cul bas
Sur les verdes herbettes,
Penſez vous que mon coeur,&c.
	Apres il faut deuiſer,
Se baiſer & rebaiſer,
Toucher le ſein, & plus bas
Faire d'autres choſettes,
Penſez vous que mon coeur,&c.
	Madame faict bien cela,
Auec vn amy qu'elle a,

En la ville de Paris
Mangeant des costellettes,
Pensez-vous que mon cœur, &c,
      I'en voudrois bien faire autant,
I'ay dequoy payer comptant,
Et faire à vn vergalant
Rompre ses esguillettes,
Pensez-vous que mon cœur, &c.
      I'ay dixhuict ans passez,
N'est-ce attendre assez?
I'ayme mieux le faire vn peu
Et garder les cheurettes;
Pensez-vous que mon cœur, &c.
      Certes ie serois bien mieux,
Parmy les champs gratieux,
En oyant chanter Dorlot
Sur les cornemusettes,
Pense-vous que mon cœur, &c.
      Bergers sont gentils garçons,
Et entendent les façons,
De leuer les cotillons
Aux ieunes bergerettes,
Pensez vous que mon cœur, &c.

                              D

Quoy que lon vueille prefcher,
La loy fait mal d'empefcher,
Le doux plaifir de la chair
Aux gentilles fillettes,
Penfez vous que mon cœur,&c.

C'eft offenfer grandement,
Nature qui fagement
A bafty lieu fi friand
Entre noz deux cuiffettes.
penfez vous que mon cœur,&c.

Il faut donc que le defir
S'accompaigne du plaifir,
De cefte liqueur que rend
Le moulle des brayettes,
penfez vous que mon cœur,&c.

C'eft bien vn plus grand deduict
De faire branfler la nuict,
Quelque chalit babillard
Que non pas des clochettes
penfez vous que mon cœur,&c.

Filles en voz ieunes ans,
Fuyez les lieux mal plaifans,
Mais quand trop vieilles ferez
                              Allez

Allez aux haudettes.

pensez vous que mon cœur,&c.

Celuy qui a fait la chanson
Apprendroit mieux sa leçon
A l'escole de Venus
Que ses heurettes.
Pensez vous que mon cœur
Soit sans amourettes.

CHANSON NOVVELLE

d'vne ieune fille, pour auoir prins son
charnel desir a mis à mort son premier
fruict. Sur le chant, Laissez la verde
couleur, &c.

O R oyez filles oyez
DE tresmiserable vie,
Et de mon forfait voyez
Las! comme ie fus rauie.   bis
Ie n'auois lors que quinze ans
Que ma chair tant delicate
Sans nul soucy de parens

S'oublia par trop ingrate. bis.
 Vn ieune fils blanc & beau
Se rendant àmon ſeruage
Par vn amoureux flambeau
De mon pudique courſage. bis.
 Alors ſurprinſe d'amour
Ie me ſuis à luy donnee
En oubliant le cler iour
Ainſi comme abandonnee. bis.
 Soudain il me fut aduis
Que mon pere bon & ſage
Me donneroit ce beau fils
Conioinct par bon mariage. bis.
 Mais d'vne grande rigueur
De mon bon heur m'a priee,
Dont ie vis en deshonneur
Sans pouuoir eſtre ſauuee. bis.
 Car enceinte i'ay eſté
Bien neuf mois ou d'auantage
De ma grande loyauté bis.
Qui s'eſt conuerty en rage.
 Car mon fruict treſ-innocent
Eſtant venu en ce monde.

       Auec

Auec vn fert bien tranchant
Ie l'ay faict nager sur l'onde.   bis.
   Mettre son corps en morceaux
Et sa chair tant deliée,
Là dedans le bruict des eaux
O Dieu!las ie l'ay iettee.
   Vn bras las!s'est arresté
Au bord en criant vengeance,
De ma grande cruauté
Il saignoit en abondance.   bis.
   Alors ce trespetit bras
C'est en poursuiuant mon vice
Criant là de toutes pars
Messieurs faictes moy iustice.   bis.
   A vous Messieurs de Dijon
Faictes moy ie vous en prie
Mourir dedans ce donjon
Point ie n'en seray marrie.   bis.
   Ie confesse à l'instant
Messieurs que i'ay faict outrage
D'auoir tué mon enfant,
Par vn trop cruel courage.   bis.
   Alors condamnee,ô Dieu!

Fus d'y eſtre tenaillee,
Puis eſtre dedans vn feu
Toute viue eſtre bruſlee.   bis.
        Et mon pere eſtoit de ceux
Qui m'y donnoit ma ſentence,
Lors mon pauure cœur trembloit
Et pleuroit en abondance. bis.
        Alors l'executeur vient
D'vne façon cy eſtrange,
Me liant de gros cordeaux
Mes deux tresbelles mains blanches. bis.
        Et auſsi mes blonds cheueux
Que ie friſois comme l'onde,
Auecque rudes ciſeaux
Les coupoit deuant le monde.   bis.
        Auſsi toſt fus menee droiƌ
A la mort & au ſupplice,
Helas mon pere eſtoit
Pour voir de moy la iuſtice.   bis.
        Et quand fus ſur l'eſchafaut
Auec de grandes tenailles rouges,
Le bourreau vient en ſurſaut
Me criant pinçant, ne te bouge.   bis.
                                    Lors

Lors le feu y flamboyoit
qui iettoit forces eſtincelles
Contre mes yeux qui plouroyent.
Bruſlant mes pauures mammelles.   bis.
　Alors ceſt executeur bruſlant
Me pouſſe pauure Chreſtienne,
Dedans vn feu cy ardant
Me conſommant toute viue.   bis.
　Or à Dieu, filles à Dieu,
Contemplez ceſte hiſtoire ample,
Ie ſuis miſe en ce lieu
Pour vous y ſeruir d'exemple.   bis.
　Or priez filles priez
Pour ma pauure ame maligne
Et point ne vous oubliez
Comme a faict la Catherine.

CHANSON NOVVELLE

*d'vn gentil-homme apres auoir longue-
ment pourſuyui, amoureuſement, les dames, & voyant le peu d'aqueſt qu'il y a
eu ſe reſoult.& inuite ſes amis à faire
comme luy.*

M A complainte
N'eſt que feinte
Se ſont fables mes amours
Ie me moque
Quand inuoque
Tant de dieux à mon ſecours.
     A telle heure
Que ie pleure
C'eſt alors que ie me ris,
Et pour rire
Ie ſouſpire
Comme ſi i'eſtois eſpris.
     Vers les dames
I'ay deux ames
Pour mieux me feindre amoureux
En ma face
I'ay la glace
Et la flamme quand ie veux.
     Ie n'eu oncques
Biens quelconques
D'amour par fraude & par fard
Le merite
Ne profite:

                         Car

Car c'eſt vn ieu de hazard.
   Non qu'au reſte
Ie deteſte
L'amour:mais à ce trompeur
Ie veux eſtre
Touſiours maiſtre
De mes yeux & de mon coeur.
   Fy des chennes,
Fy des gehennes,
Fy de ſes tourmens nouueaux,
Ie delaiſſe
La deſtreſſe
Et rien pour les veaux.
   Fy des femmes,
Fy des flammes,
Fy de ſes faux amoureux:
Pour vne heure
Ie l'endure
Mais ie ne ſçaurois pour deux.
   Ie ne ſçache
Bien qui fache
Quand on ſçait choiſir à temps,
Mais d'attendre
              Sans

Sans rien prendre
C'eſt mal employer ſes ans.
 Si fidelle
On m'appelle
Ce nom la ne m'eſt pas deu
L'honneur gaye
Veut que i'aye
Ce nom la de corrompu.
  F I N.

Chanſon nouuelle.

HAſtez vous petites folles,
Contenons noſtre deſir:
Venez que ie vous accolle
Sus faictes moy ce plaiſir,
Voſtre grand beauté m'affolle
Friandes oyez mon cry
Ie vous en prie
Ie ſuis marry
Encontre vous,
Faut-il qu'amour ſoit doux.
 Si vous me refuſez

      Vous

Vous m'abuſez:
Mais appaiſez
Voſtre courroux,
Faut-il pas qu'amour ſoit doux.
    Toute fille n'eſt point belle
Qui ſe faict fiere nommer:
Si vous m'eſtes ſi rebelle
Ie ne vous ſçaurois aymer:
L'amour n'eſt point naturelle
Qui faict comme martyr
L'aymant ſouffrir
Iuſqu'au mourir
Sans eſtre abſouz
Faut-il pas qu'amour ſoit doux.
    Venez,ie ne vy onc,
Vn pas ſi long,
Baiſez moy donc
Deux ou trois coups,
Faut-il pas qu'amour ſoit doux.
    Ce friant baiſer appaiſe
Mon mal le plus vehement,
Ha!vray Dieu que ie ſuis ayſe
Ie ne ſens plus de tourment
                    Qu'en

Qu'encor vn coup ie vous baiſe
Et puis ie feray content,
Amour l'entend
Ce n'eſt pas tant
Que craignons nous?
Faut-il pas qu'amour ſoit doux.
Ayez touſiours douceur
En voſtre coeur:
Car la rigueur deſplait à tous,
Faut-il pas qu'amour ſoit doux.

F I N.

TABLE DE LA BEAV-
té des Chanſons.

Puis

TABLE.

F I N.

www.ingramcontent.com/pod-product-compliance
Lightning Source LLC
LaVergne TN
LVHW022329170726
843503LV00006B/2788